Schriften des Sozialwissenschaftlichen
Akademischen Vereins in Czernowitz.
Heft IV.

# Soziale Moral in China und Japan.

Von

Ernst Viktor Zenker,
Reichsratsabgeordneter.

München und Leipzig,
Verlag von Duncker & Humblot.
1914.

Alle Rechte vorbehalten.

Der vorliegenden Schrift liegt ein Vortrag zugrunde, den der Verfasser am 28. Februar dieses Jahres für unseren Verein gehalten hat.

Czernowitz, im März 1914.

*Für den Sozialwissenschaftlichen Akademischen Verein*
der Obmann:
Max Seidmann.

Der ferne Osten, die uralten Kulturstaaten China und Japan stehen gegenwärtig im Vordergrunde des europäischen Interesses, und dieses Interesse mit den Ereignissen in der weltweiten Ferne wird auch in der Zukunft nicht schwächer, sondern gewiß noch intensiver und unmittelbarer werden. Blickte man anfangs mit bloßer Neugier auf die Wunderwelt der neuerschlossenen Kulturen Japans und Chinas, so wandelte sich diese Neugier später in die lächerliche Gier, diese uralten Staaten unter dem heuchlerischen Vorwande der Kulturbringung einfach zu Ausbeutungsobjekten des europäischen Krämergeistes zu machen. In neuerer Zeit trat an Stelle solch kindlicher Vorstellungen eine andere, nicht minder oberflächliche aber doch etwas heilsamere, die Furcht, die Furcht vor der gelben Gefahr. Der Eintritt Japans in die Reihe der modernen Militärstaaten, die Pyrrhussiege, die England, Frankreich und zuletzt die internationale Strafexpedition in China errungen, und schließlich der verblüffende Sieg Japans über den größten Militärstaat Europas und die damit eng verbundene Umwälzung in China, das alles rief in Europa und auch in Amerika eine panische Angst vor der gestern noch geringgeschätzten gelben Rasse hervor, die dort an den Gestaden des Stillen Ozeans ein neues Weltreich gründen und „die heiligsten Güter der Menschheit" — wie man bescheiden die europäischen Militär- und Geldstaaten nannte — bedrohen könnte. Ich werde am Schlusse dieser Betrachtungen noch auf die sogenannte „gelbe Gefahr" zu sprechen kommen. Jetzt sei nur erwähnt, daß sich auch diese in den letzten Jahrzehnten ganz allgemeine Stellungnahme zu den fernöstlichen Problemen in allerjüngster Zeit zu wandeln und zu vertiefen beginnt. Man rechnet heute mit Japan als mit einer Großmacht und schickt sich auch langsam darein, daß China sein staatliches Leben in eigener Regie reformieren werde; man hat sich auch langsam zu der Erkenntnis durchgerungen, daß man es dort drüben nicht mit Völkern nach Art der afrikanischen Neger oder Fidjiinsulaner, sondern mit den Trägern einer uralten, der unserigen zwar fremden aber doch ebenbürtigen, Kultur zu tun hat. Und man bemüht sich heute, in diese Kultur einzudringen und ein neues Verhältnis zu ihren Trägern zu finden.

Als einen kleinen bescheidenen Beitrag zu diesem Studium möge man die folgenden Ausführungen betrachten. Sie beruhen nicht auf den einseitigen, flüchtigen und voreingenommenen Berichten, die irgend ein Missionar, Diplomat oder Globetrotter gewonnen hat, sondern auf dem unbefangenen Studium der chinesischen und japanischen Literatur und Philosophie, jener beiden geistigen Betätigungsformen, in denen ein Volk nie lügen kann und immer seinen wahren Charakter enthüllen muß. Wenn ich mich dabei fast ausschließlich mit China beschäftige, so geschieht es deshalb, weil die soziale Moral Chinas unbestritten die gesamte Kultur des fernen Ostens beherrscht, und weil auch das Geistesleben Japans ganz von den philosophischen Lehren und praktischen Idealen Chinas beherrscht ist. Allerdings ist der japanische Volkscharakter von dem der Chinesen grundverschieden — hier ein ausgesprochenes Eroberervolk, dort ein friedliches Kolonistenvolk — und dem entsprechend hat sich auch das japanische Staatsleben in ganz anderen Formen entwickelt als das chinesische. Aber die ethische Unterlage ist doch in beiden Verhältnissen dieselbe, und sie ist es, die den Bestand dieser Kulturen gesichert hat durch die Jahrtausende, die den Japanern zu den Siegen auf den Schlachtfeldern der Mandschurei verholfen und den angeblich längst überlebten Chinesen die Kraft der Erneuerung gegeben hat.

\*   \*   \*

Es ist übereinstimmend von allen Kennern der chinesischen Geschichte hervorgehoben worden, daß die Chinesen das spätere ungeheure Reich viel weniger durch Krieg, als im Wege intensiver Kolonisation, durch friedliche Kulturarbeit zusammengebracht haben. Wenn es auch in China, so wenig wie anderwärts, ohne Krieg abging, so gehörte das Kriegführen doch nie zu den Leidenschaften dieses Volkes, und wurde von Volk und Fürsten immer als der anormale Zustand, als ein unvermeidliches Übel angesehen. Die Stärke der Chinesen lag in der Kolonistentätigkeit. Aus dieser Voraussetzung läßt sich viel, wenn nicht das Ganze der geistigen und sozialen Entwicklung Chinas erklären. Die Geschichte kennt kein zweites Kulturvolk, am allerwenigsten eines von so großer staatlicher Bedeutung, das einen so ausgesprochen friedlichen, allen Künsten des Friedens ergebenen Charakter besäße, wie der Chinese. Für den Chinesen ist der Kriegsheld mit nichten der große Mann par excellence; der Kult der Kriegsheroen ist ihm fremd. Die Größe seiner Könige und Kaiser erblickt er mehr in Tugend und Weisheit, in der Förderung von Kultur und Sittlichkeit, als in Heldentaten und Schlachtenruhm. Der gute König, wie ihn das Shi-king feiert, der wahre Himmelssohn — tien-tse — ist der Fürst des Friedens, der Länder urbar macht, Städte gründet, die Barbaren milde Sitten lehrt und ein Vorbild strengster Pflichterfüllung ist. Im Shuking wird als die Aufgabe des Fürsten die Herbeiführung des Friedens bezeichnet. Nicht mit Waffen, sondern mit Tugend und Güte muß er sich die Völker unterwerfen. „Nur wer in leuchtender Tugend strahlt, möge emporsteigen, sei er auch von niederer Herkunft und eines Bauern Sohn." — „Wenn der Fürst weise ist und die Tugend liebt, werden die Fremden kommen und ihm huldigen." Die großen Ideale chinesischen Herrschertums, Yao und Shun, ließen sich bei der Wahl ihrer Nachfolger nur durch die Tugendhaftigkeit und Friedfertigkeit der Person bestimmen, und auch später, als die Herrscherwürde erblich geworden war, bildete nicht die Abstammung von kriegerischen Geschlechtern, sondern die persönliche Tugend den eigentlichen Rechtsanspruch des Kaisers. Selbst der große Eroberer und Begründer der Mandschu-Dynastie Kanghi hielt seine Kriegstaten nicht für eine hinreichende Legitimation seiner Macht, sondern trat erst als Erneuerer der confuzianischen Lehre in die Reihe echt chinesischer Herrscher. Der chinesische Kaiser ist eben nicht so sehr der Herr der Heerscharen, sondern der innere Kolonisator bis auf den heutigen Tag.

Aus dieser Grundstimmung des chinesischen Volkes ist es zu erklären, daß die politische Gestaltung Chinas nie jenen zentralistischen Charakter aufwies, den man bei einer so langen Geschichte und bei so einheitlicher Kulturentwicklung eigentlich erwarten sollte. Auch eine eigentliche Adelsklasse hat sich in China bis auf den heutigen Tag nicht herausbilden können, weil die wichtigste soziale Voraussetzung des Adels der Krieg und mehr noch die Kriegsbereitschaft ist. Die Herrschenden waren in China immer die Intellektuellen, die sich aber gleichfalls nie zur Klasse abschlossen. Der politische Grundzug der chinesischen Gesellschaft war und blieb eine primitive Demokratie, aus welcher als kräftigste soziale Organisationsform die patriarchalische Familie herausragte. Ein ungemein stark entwickelter Trieb zur Geselligkeit, zum engen Beieinanderwohnen hat dieser Vaterfamilie in China eine Bedeutung verschafft, mit der verglichen selbst das hochentwickelte römische Patriarchat eine schwächliche Einrichtung war. Je mehr man den abgrundtiefen Unterschied dieser beiden scheinbar ganz gleichen Einrichtungen erkennt, desto mehr wird man in das Wesen der sozialen Grundanschauungen beider Völker eindringen. Der ursprüngliche Charakter einer Arbeits- und Wirtschaftsorganisation, in deren Mittelpunkt der Vater steht, ist beiden Formen gleich eigen, und die patria potestas ist in der chinesischen Familie ebenso weitgehend wie in der römischen. Der Vater ist der König seines kleinen Kreises, Eigner alles Gutes, Herr über Leben und Tod. Während aber die römische Vaterfamilie auf der Stufe einer rein herrschaftlichen Organisation stehen geblieben ist, hat sich die chinesische Familie schon in der frühgeschichtlichen Zeit vertieft und vergeistigt. Das Band, das die chinesische Familie zusammenhält, ist nicht die brutale Gewalt, sondern Liebe und Pietät. Der Vater der chinesischen Familie hat nicht bloß Rechte wie der römische pater familias, er hat in erster Linie Pflichten gegen die Seinen, er ist für ihr körperliches, geistiges und sittliches Wohl verantwortlich, und diese Verantwortung wird so weit getrieben, daß jedes Lob und jeder Tadel, jede Auszeichnung und jede Strafe, die dem Kinde zukommt, gleichzeitig auf den Vater zurückwirkt. Für das Kind ist aber der Vater nicht bloß der gefürchtete Haustyrann, sondern der hochgeehrte Patriarch, zu dem alles mit ehrfurchtsvoller Liebe aufblickt. Liebe der Eltern zu den Kindern, Pietät der Kinder gegen die Eltern, also eine sittliche Tatsache bildet den Grundstein, auf dem die chinesische Familie ruht, heute wie vor viertausend Jahren. Im römischen Patriarchat ist alles auf das „Müssen" gestimmt, im chinesischen auf das „Sollen". Dadurch unterscheidet sich die ganze chinesische Gesellschaft von der römischen, und darum vielleicht ist der römische Staatskoloß so rasch dahingesunken, während die chinesische Gesellschaft noch immer fortbesteht. Dieses friedliche Familienideal hat auch bei der Gestaltung der übrigen sozialen Verhältnisse Chinas als Vorbild gedient. Der Fürst soll seinen Untertanen gegenüber wie ein Vater zu seinen Kindern sein, die Untertanen sollen dem Fürsten gegenüber die Empfindungen kindlicher Pietät hegen. Auch im Staate ist also das soziale Band nicht die (königlich-väterliche) Gewalt, sondern Liebe und Pietät. Das ist der Grundton, der durch die ganze chinesische Philosophie klingt, ihre praktische Sittlichkeit beherrscht und das Leitmotiv ihres Staatsrechtes bildet.

Die intensive Kulturarbeit der Chinesen, ihre Abneigung gegen den Krieg, ihre Vorliebe für das gesellige Zusammenleben, ihr Sinn für Ordnung, all das verwies sie auf ein Glücksziel, das im Diesseits und nicht im Jenseits zu suchen war. Die Chinesen sind ausgesprochene Diesseiter, die jeder müßigen Spekulation abhold sind und, statt dem Unbegreiflichen und Unfaßbaren nachzujagen, es vorziehen, desto gründlicher die praktischen Seiten des Welt- und Lebensrätsels zu ergründen. Ein ausgesprochen agnostischer Zug geht durch ihre ganze Literatur, und ihr größter Meister Confuzius ist der größte Agnostiker aller Zeiten. „Die wahre Weisheit" — sagte er — „besteht darin, seine Pflicht als Mensch ernsthaft zu erfüllen, und bei aller Ehrfurcht vor den Geistern (shin), sich um sie nicht zu bekümmern."
Nicht, daß es diesem Volke an Gemüt, Phantasie oder sittlichem Idealismus fehlte. Auch soll nicht gesagt

werden, daß China nicht auch seine mystischen und theosophischen Anwandlungen gehabt hätte. Der Taoismus und Buddhismus würde uns ja widerlegen. Aber das Anwachsen solcher geistiger Bewegungen in China deutete immer auf einen anormalen Zustand der Volksseele. Die Chinesen suchen die Unbekannten als Mathematiker und nicht als Metaphysiker zu lösen. Gelang ihnen auch dies nicht, so ließen sie einstweilen ruhig das x stehen, ohne sich versucht zu fühlen, dieser Unbekannten einen willkürlichen Gedankeninhalt zu geben.

Die Chinesen haben es daher nie zu einer Mythologie gebracht. Die shin blieben im Bewußtsein des Volkes immer das, was sie auf der animistischen Urstufe waren, Geister der Dahingeschiedenen, Naturgeister. Der Himmel, der das höchste Wesen ist und gelegentlich als „oberer Kaiser" — shang-ti — angesprochen wird, bleibt doch der physische Himmel, der „endlose blaue Himmel" oder der „hohe Himmel". In ihm sah der Chinese die Quelle all jener Mächte, die für die Menschen segen- oder unheilbringend sein können, vor allem die Quelle der Ordnung, die das Leben lebenswert und möglich macht. Aber er verlor sich nicht in dem Symbol dieses Himmels, dem shang-ti, sondern studierte den Himmel und seine Gesetzmäßigkeit. Und bei dieser Gesetzmäßigkeit blieb er, an sie hielt er sich, ohne sich viel um das Wesen der geheimen Urkraft zu kümmern, die zuletzt alles bestimmt. Auf diese Weise kamen die ältesten chinesischen Denker zu einer Kosmogenie, die weit mehr Berührungspunkte mit der modernen

Naturphilosophie als mit den theologischen Weltanschauungen anderer Völker hat. Sie beschränkt sich auf die Annahme von ewig existierenden allerorten tätigen Naturkräften, die ohne Bewußtsein und Willen wirken. Der Himmel wird entweder als in diese allgemeine Naturgesetzlichkeit eingeschlossen oder als deren symbolischer Ausdruck erachtet. Er ist durchaus nicht der Weltschöpfer und mit dem Juden- oder Christengott nicht zu vergleichen. Eine eigentliche Schöpfungsgeschichte kennt der Chinese nicht, Himmel und Erde — tien-tu — werden als von Ewigkeit bestehend gedacht und aus ihrer Durchdringung entstehen die zehntausend Wesen, die Vielheit der Erscheinungswelt, einschließlich des Menschen. Einen besonderen Schöpfungsakt für den Menschen gibt es also nicht. Auch er entsteht, wie alles andere aus der Durchdringung von Yin und Yang, den beiden Urkräften, die bald als männliches und weibliches, bald als lichtes und dunkles, als gutes und böses Prinzip gedeutet werden und auch der Zweiteilung von tien-tu entsprechen. Damit aber, daß der Mensch aus Yin und Yang bestehe soll nicht etwa Ähnliches gesagt werden, wie es etwa in unserem Dualismus von Körper und Seele liegt. Die chinesische Grundauffassung blieb in dieser Hinsicht immer die uranimistische, daß in dem Menschen ein kleines subtiles Wesen, ein Homunculus, das miao stecke, das wohl den Körper verlassen kann und nach dem Tode zum kuei wird, selbst aber auch wieder am Yin und Yang teilnimmt. Der Chinese macht keinen Unterschied zwischen geistigen und

körperlichen Betätigungsformen. Der Mensch ist nur
das intelligenteste aller Wesen, aber auch sein Tun
und Denken ist in die allgemeine Naturgesetzlichkeit
eingeschlossen. Körperliches, geistiges und sittliches
Leben entspringen aus einer und derselben Wurzel,
aus natürlichen Anlagen, die Bestimmungen des
Himmels, das „Mandat des Himmels", tien-ming genannt werden. Alles was geschieht ist Bestimmung
des Himmels. Es braucht aber nach dem Gesagten
kaum gesagt zu werden, daß dieses Mandat des
Himmels weder eine Inspiration von oben, eine Offen-
barung, noch ein Fatum ist. Es ist vielmehr nichts
als der Ausdruck allgemeiner Naturgesetzlichkeit,
die Folge der Zweckmäßigkeit und Ordnung in der
Natur. Das gemeine Volk in China glaubt, daß das
Glück der Menschen durch die Konstellation der
Gestirne beeinflußt werde. Der chinesische Denker
aber läßt ebenso eine Beeinflussung der Natur durch
das Verhalten der Menschen zu. Der älteste uns mit
Namen bekannte Philosoph, Ki-tse sagt: „Bei Be-
achtung des schuldigen Respekts kommt zur rechten
Zeit Regen, wenn eine gute Regierung besteht, dann
ist heiteres Wetter. Waltet Gerechtigkeit, dann ist
es zurzeit warm. Wo man besonnen ist, da tritt auch
zur richtigen Zeit Kälte ein. Wo aber Weisheit und
Heiligkeit besteht, dort wehen die rechten Winde.
Wenn man hochfahrend ist, regnet es beständig.
Bei leichtsinnigem Betragen herrscht beständige
Dürre. Bei Untätigkeit herrscht beständige Hitze.
Bei Übereilung ist es beständig kalt, bei Selbstver-
blendung rast unablässig der Wind." Diese Aus-

sprüche mögen auf den ersten Blick albern erscheinen. Wenn man von der naiven Form absieht, drückt sich jedoch in ihnen eine sehr tiefe Erkenntnis aus, die Erkenntnis, daß die Ordnung der Natur ebenso für die soziale und sittliche Ordnung der Menschheit bestimmend wird, wie umgekehrt die sozialen und sittlichen Verhältnisse umbildend auf die Natur zurückwirken im Bösen wie im Guten. Das ganze Leben ist eine große unteilbare Harmonie, die von urewigen Regeln und Gesetzen beherrscht wird. Und das ist es, was der Chinese tien-ming, die Bestimmung, das Mandat des Himmels nennt.

Dieses „Mandat des Himmels" beherrscht die chinesische Philosophie und ebenso das Staatsrecht. Wenn es aber heißt, daß der Kaiser sein Amt nach dem Mandat des Himmels ausübt, so hat dies einen von unserem Gottesgnadentum grundverschiedenen Sinn. Es will weiter nichts besagen, als daß nur der Kaiser sein soll, der sich durch Tugenden zu legitimieren vermag und durch Anlagen, die den Intentionen des Himmels, d. h. der natürlichen Ordnung der Dinge entsprechen. Bewährt ein Herrscher diese Tugenden nicht, dann zieht der Himmel sein Mandat zurück und gibt dies durch Anzeichen wie Mißwachs, Unordnung im Reiche, Mißstimmung im Volk zu erkennen. Denn „der Himmel hört und sieht; durch das Volk hört und sieht er; der Himmel ist allwissend und furchtbar, durch unser Volk weiß und rächt er alles. Es ist ein innerster Zusammenhang zwischen dem Himmel oben und dem Volk unten" (Shu, I 4). Dieser urdemokratische, ja geradezu revolutionäre

Gedanke, der im geschichtlichen Leben Chinas eine so unheimlich große Rolle spielte, war dem Volke wie den Königen schon vor mehr als dreitausend Jahren eigen. Ganz allgemein gesprochen ist das Mandat des Himmels die Ordnung der Natur, die dem Menschen als Muster und Vorbild dienen soll. „Das Mandat des Himmels ist die Natur, die Natur entfalten ist der rechte Weg"; so beginnt das dem Confuzius zugeschriebene Buch von der „rechten Mitte" (Chung-yung). Der Gedanke war aber schon lange vor Confuzius jedem gebildeten Chinesen geläufig.

Dieser rechte Weg, tao, spielt in der chinesischen Ethik eine ungeheure Rolle. Tao bedeutet durchaus nichts anderes als Weg und ganz bestimmt nicht etwa ein höheres Wesen, einen mystischen Begriff oder dergleichen. Nach gemeinchinesischer Vorstellung besteht die Tugend nicht in einer bestimmten Charaktereigenschaft, sondern in der Richtung des Willens, in der Neigung, wie wir sagen, in dem ganzen „Wandel". Tao ist der Wandel, tao ist das letzte Wegziel, die Vollendung. Auch die Natur hat ihren gesetzmäßigen Lauf, und das ist wieder tao. Wer der natürlichen Ordnung gemäß handelt, der ist auf dem rechten Weg, der ist der Mann der vollendeten Tugend, — tao. Tao ist also der Weg, den das Leben geht, die objektive Gesetzmäßigkeit des Lebens, aber auch der Weg, den das Leben gehen soll, die subjektive Gesetzmäßigkeit, das Seinsollende, die Idee. Das Leben ist ein ganz natürlicher Prozeß, ein stetes sich Neugebären (Yin und Yang), ein sich ewig

Wandelndes. Es auf einer höheren Stufe erkannter Gesetzmäßigkeit zu führen, in ein sittliches Leben zu verwandeln, ist tao, der rechte Weg. Der Mensch ist demnach auf dem rechten Weg, er ist ein Mann von vollendeter Tugend (tao), wenn er den Plan, die Absicht der Natur zur Verwirklichung bringt.

Welches aber die Natur des Menschen ist, das weiß jedes Kind in China heute wie vor dreitausend Jahren. Das erste Buch, das dem chinesischen Kinde in die Hand gegeben wird, das San-tse-king, das Wan-pi-heu gegen Ende des dreizehnten Jahrhunderts verfaßte, beginnt mit dem confuzianischen Satz: „Bei der Geburt ist der Mensch seiner Anlage nach gut; von Natur sind sich alle Menschen nahe, nur das Leben bringt sie auseinander." Die natürliche Anlage ist die Geselligkeit, der Mensch ist ein zoon politikon. Die Ordnung der menschlichen Gesellschaft ist ein Spiegelbild der natürlichen Ordnung, oder soll es doch sein, und wie alles Sünde ist, was gegen die Ordnung und Harmonie der Natur verstößt, so ist auch alles Sünde, was die Ordnung der Gesellschaft stört, wider ihr Glück und ihren Frieden ist. Die höchste Tugend aber ist die — Treue, die soziale Tugend par excellence. Der mythische Kaiser Kao-sin sagt: „Keine Tugend ist größer als allgemeine Menschenliebe, und die beste Regierung ist die, die den Untertanen die ausgedehntesten Vorteile angedeihen läßt. Das Vorzüglichste in der Verwaltung ist Treue und in der Regierung Wohlwollen." Hier finden wir bereits jene Gleichung zwischen Tugend und guter Regierung und die Gleichstellung beider mit Treue und Wohlwollen, die den Leitgedanken der confuzianischen Moral bildet.

Die Sittlichkeit ist die treibende Kraft der sozialen Wandlungen, und die soziale Ordnung soll nichts anderes als der Ausdruck der reinsten Sittlichkeit sein. Das war die Quintessenz der chinesischen Weltanschauung vor dreitausend Jahren, das war der Boden, dem die gewaltigen Geister entwuchsen, deren Größe nicht in einer weltfremden Originalität lag, wohl aber in der wunderbaren Schärfe mit der sich in ihrem Geiste alle Gedankenstrahlen ihres Volkes brachen und zu einem Brennpunkt geführt wurden. Sie wurden die großen Lehrer ihres Volkes, weil sie die fleißigsten Schüler ihres Volkes gewesen. Confuzius hat für sich nie den Ruhm der Originalität, sondern immer nur das Verdienst in Anspruch genommen, die weisen Lehren der alten Zeit gesammelt, gesichtet und erhalten zu haben, er wollte kein Schöpfer nur ein Überlieferer sein. Aber er hat nicht bloß die alten Lehren gesammelt, er hat sie auch gelebt und hat durch sein Beispiel Jünger erweckt, die seither durch fast zwei und ein halbes Jahrtausend die Geschicke Chinas bestimmten, die dieses gewaltige Reich in seiner unübertrefflichen Eigenart auch in den Jahrhunderten der Fremdherrschaft erhalten und in der letzten Zeit erst den Beweis erbracht haben, daß sich die ewigen Wahrheiten der confuzianischen Moral auch mit jedem sozialen und politischen Fortschritt vereinen lassen.

Europäische Gelehrte haben sich mit einer Borniertheit, die man bei uns gern für eine chinesische

Nationaleigentümlichkeit hält, abgemüht, in Confuzius abendländische, christliche und mystische Begriffe hineinzutüfteln. Aber da ist aller Liebe Müh umsonst. So tief auch Confuzius oft ist, und so leicht man sich irren kann, wenn man den Blick bloß flüchtig an der Oberfläche dieses gewaltigen Menschen hingleiten läßt, Mystiker war er doch nie und nicht einmal Metaphysiker. Er war, wie gesagt, der größte Agnostiker aller Zeiten. Für ihn gab es nur ein Problem: das Leben, und nur einen Zweck, wieder das Leben als eine unendliche, wundervolle Harmonie aufgefaßt. Das Leben ganz ausleben, die eigene Natur ganz erschöpfen, das war ihm letzter und höchster Zweck für jedes Wesen, Pflanze, Tier oder Mensch, so unter dem Himmel lebt, der selbst wieder nur die gewaltigste Manifestation des Lebens ist. Die Philosophie des Confuzius ist Lebensweisheit im eigentlichsten und höchsten Sinn. Jedes Wort, das von ihm überliefert ist, hat auf das Leben Bezug, und nirgends findet sich auch nur der leiseste Versuch, etwas zu untersuchen, was über das Leben oder die menschliche Erfahrung hinausgeht. Confuzius hat nach einer berühmten Stelle des Lün-yü den Grundgedanken seiner Lehre folgendermaßen ausgedrückt:

„Der Meister sagte: Tseng, ich (verstehe unter vollkommener) Tugend: Einer in Allen!"

„Tseng, der Philosoph, erwiderte: Ja!"

„Der Meister ging hinaus. Die Schüler fragten mit den Worten: Wie sagt er?"

„Tseng, der Philosoph, erwiderte: (Nach) des ehrwürdigen Meisters (Lehre ist) vollkommene Tugend (wo) aufrichtige Hingebung (für die anderen) und das eigene Selbst (Eins sind)."

Man könnte die Erklärung des Tseng in der imperativen Form einfach: „Liebe deinen Nächsten, wie dich selbst!" übersetzen, aber die ursprüngliche lapidare Fassung des Meisters geht viel tiefer: „Einer in Allen." Wo der Einzelne ganz in den Anderen aufgeht, sich nur noch in der Art, seine Vollendung nur noch in der Vollendung der Art sieht, da ist vollkommene Tugend, — tao. Es gibt nicht eine ewige Tugend, sondern nur einen immer regen Trieb zur Tugend, und auch die höchste Vollendung, die Einer hier erreicht, ist nur eine Station auf dem endlosen Weg, der zur möglichst vollständigen und allseitigen Entfaltung der menschlichen Art führt. „Übereinstimmung mit der Natur ist der Pfad der Pflicht genannt" — und: „Wer aufs Sorgfältigste die Prinzipien seiner Natur pflegt und im Geiste der Gegenseitigkeit übt, der ist nicht fern vom Pfad. Was du nicht willst, daß man dir tue, das tue auch einem andern nicht!" — Die vollkommene Tugend ist nur ein ewig fernes Wegziel, aber die beiden festen Stützen auf diesem Weg sind: „Liebe und Treue." „Das Höchste ist Liebe und Treue." Wer treu ist im strengsten Sinn, treu sich selbst, treu allen übrigen Menschen, der ist der vollkommene Mann, den Confuzius meint, der soziale Mensch, der in seiner Brust das Mandat des Himmels trägt.

Auf dem Wege zur sittlichen Vollkommenheit bezeichnet Confuzius in seinem Hauptwerk dem Tahio, der „erhabenen Lehre" drei Stadien: die Selbstveredelung, die Menschenliebe und das feste Verharren im Guten.

Die Selbstveredelung ist nach Confuzius wesentlich Bildung des Charakters. Unter Charakter versteht er aber die Summe der natürlichen Anlagen, die Natur des Menschen, die sich nur entfalten, nicht aber wesentlich verändern läßt. Die Bestimmtheit des Charakters ist das „Mandat des Himmels". Wie modern im tiefsten Sinne die Gedanken des großen Chinesen über die Bestimmtheit des Charakters sind, beweist folgende Stelle aus dem Lün-yü: „Die Fehler der Menschen sind die Charaktereigentümlichkeiten der Klasse, der sie angehören. Studiere die Fehler eines Mannes und du erkennst seine Tugenden." Der Charakter des Menschen — das Werk seiner sozialen Umgebung, das Werk seiner Väter — das ist kein funkelnder Gedankenblitz, sondern ein entscheidender Grundsatz der chinesischen Moral, die besonders bei Mengtse in ihrer ganzen sozialen Folgerichtigkeit ausgebildet erscheint. Der einzelne Mensch ist nur ein Teil der Natur, sein Handeln ist derselben Notwendigkeit unterworfen, wie die übrige Natur. Darum kann auch alles menschliche Streben nur dahin gehen, diese Natur in sich zu entwickeln und zu erschöpfen, selbst wieder in dem Leben des anderen und des Weltalls aufzugehen. „Einer in Allen." So führt die erste Stufe der sittlichen Vervollkommnung zur zweiten.

Das Ich ist nicht Selbstzweck, der Egoismus ist für Confuzius das Laster schlechtweg. Die höhere Vollendung liegt in der Nächstenliebe, in der Menschenliebe. Zu dieser Stelle des Tahio hat der Gelehrte Tsching-tse mit ausdrücklicher kaiserlicher Erlaubnis folgende offizielle Erläuterung beigefügt: „Das Volk lieben heißt es veranlassen, daß es sich erneuere." Und alle Kommentatoren des Confuzius stimmen darin überein, daß die Menschenliebe gleichbedeutend sei mit dem Streben nach „Erneuerung", nach sittlicher Wiedergeburt des Volkes. Die Menschenliebe des Confuzius ist nicht die im Evangelium wiederkehrende Lehre des Lao-tse, die da verlangt, dem Bösen nicht zu widerstehen, d. h. eigentlich einen jeden sich selbst überläßt: sie ist auch nicht die himmelblaue Gefühlsduselei unserer Zeit, die nur allzugern bei einigen sentimentalen Phrasen ihr Genügen findet; sie hat auch nichts mit dem negativen Nationalismus unserer Tage gemein, der sich in Haß und Geringschätzung der Fremden auslebt. Die Nächstenliebe des Confuzius ist eine ganz aktive Sache und enthält die positive Forderung, daß man, wie sich selbst auch alle anderen, seine Familie, sein ganzes Volk veredle und vervollkomme und durch diese sittliche Erneuerung das höchste Glück auf Erden, die Harmonie des Lebens schaffe.

Man hat die Lehre des Confuzius mit dem Christentum verglichen. Diese Ähnlichkeit, wenn eine solche besteht, ist aber nur eine oberflächliche. Allerdings fordert auch das Christentum, besonders in seiner evangelischen Gestalt, daß wir uns erneuern sollen. Aber diese Erneuerung sollte einen Zweck haben, der nicht im Diesseits, sondern im Jenseits lag, die ewige Seligkeit, die im Grunde doch ein egoistisches Ziel ist. Wie es hier auf Erden aussah, das war den Urchristen in tiefster Seele gleichgültig. Daher wirkte auch das Christentum nicht staatenbildend. Confuzius hat aus dem damals in tiefstem Verfall begriffenen Feudalstaat eine neue Gesellschaft geschaffen, die so fest in sich gefügt war, daß sie nach fast zweieinhalbtausend Jahren, dem Ansturm Europas trotzend, sich noch einmal im Geiste ihres Schöpfers erneuern konnte. Daß dies möglich war und ist, dankt China der sozialen Moral, die tief in das Herz aller Menschen dort eingegraben ist, und die Confuzius am Schluß des Ta hio in den einfachen Sätzen zusammenfaßt: „Wenn man in das Wesen der Dinge eingedrungen ist, so hat man der Erkenntnis höchsten Grad erreicht. Wenn man der Erkenntnis höchsten Grad erreicht hat, dann sind die Absichten geläutert. Wenn die Absichten lauter sind, ist unsere Gesinnung bieder. Wenn die Gesinnung bieder ist, dann wird man sich selbst veredeln. Wer sich selbst veredelt, der wird auch sein Hauswesen in Ordnung halten. Wer sein Hauswesen in Ordnung hält, der wird (wenn er dazu berufen ist) auch sein Land weise regieren. Und wenn das Land weise regiert ist, wird im ganzen Reiche Frieden und Glück herrschen." Das ist die Moral, zu der schließlich auch wir nach langen Irrungen und Fehltritten gelangt sind, die soziale Moral, die als letztes Ziel die Vollendung und das höchste, reinste Glück unserer Art schon hier auf Erden erkennt. Der Einzelne soll seine eigene Natur zur höchsten Vollendung bringen, nicht für sich, sondern damit alle, die Gesellschaft, die ganze Art zur höchsten Stufe der Vollkommenheit gelange. Und die Gesellschaft soll wieder so regiert werden, daß jeder einzelne und alle zusammen den Weg ihrer natürlichen Bestimmung finden. Das ist der Pfad, den alles wandelt, ohne je ans Ziel zu kommen, das ist — tao. Es liegt nichts Mystisches in dem Worte, sondern etwas durchaus Natürliches, das wir am besten mit unserem Worte „Entwicklung" wiedergeben können.

Wie man sieht, fließt bei Confuzius die „Politik" so unmittelbar aus der Theorie, daß man nie sagen kann, ob man es bei ihm noch mit ethischen oder schon mit politischen Erwägungen zu tun hat. Er gebraucht das Wort tao daher auch für „Regieren", denn Regieren ist für ihn die Kunst, das Volk zu erneuern, sie ist vollendete Tugend, das „Mandat des Himmels". Bei keinem Philosophen irgendeiner anderen Zeit oder irgendeines anderen Volkes ist der Politik eine solche Bedeutung eingeräumt, wie bei Confuzius; sie ist ihm eben die praktische Sittlichkeit selbst. „Vom Kaiser bis herab zum gemeinen Mann — sagt er — ist die Selbstveredlung das allen gemeinsame Fundament. Wenn es um diese Wurzel schlecht bestellt ist, ist es nicht möglich, den Stamm, der aus ihr hervorgeht, in Ordnung zu halten. Denn es geht nimmermehr an, daß man das, was das Wesen ausmacht, nebensächlich behandle und das Nebensächliche zum Wesen mache." Von diesen Anschauungen ausgehend, mußte er das größte Gewicht auf den persönlichen Charakter des Herrschers legen; und so kommt er denn zu Anschauungen über die

Natur des Herrschers, die sehr an die platonische Vorstellung vom weisen Herrscher erinnern. Der König muß der wahre Weise, der Mann von vollendeter Tugend sein, der das „Mandat des Himmels" trägt und sich dessen voll bewußt ist. Der rechte König ist immer ein Sendling des Himmels, ein tien-tse, und sein Reich wird immer gut bestellt sein, weil es ein Reich der Pflicht ist. Das Verhältnis des Herrschers zu seinem Volke muß das des Vaters zu seinen Kindern sein, wie umgekehrt das Volk zu dem Herrscher im Verhältnis kindlicher Treue und Ergebenheit stehen soll. Ist aber der König kein solcher Fürst von Himmels Gnaden, dann ist auch das Reich schlecht bestellt, weil alle Bande der Pflicht gelöst werden. Die größere Macht des Herrschers ist nur ein notwendiges Korollar seiner größeren Verpflichtung. Nicht auf der physischen Macht ruht die überlegene Stellung des Monarchen; das Verhältnis zwischen König und Volk ist vielmehr ein Band von Pflicht und Treue. Tse-kung fragte einst den Meister über Politik aus, und dieser erwiderte: „Eine gute Regierung erfordert, daß hinreichend gesorgt sei für die nötigen Nahrungsmittel, für eine entsprechende militärische Macht, und daß volles Vertrauen des Volkes in den Herrscher bestehe." Tse-kung sagte: „Wenn es nicht anders geht, als daß man von einer dieser drei Bedingungen absehe, was könnte am leichtesten entbehrt werden?" — „Die militärische Macht!" erwiderte der Meister. Aber Tse-kung fragte nochmals: „Wenn es nicht anders ginge, und man müßte auch noch von einem der beiden übrigen Bedingnisse absehen, welches könnte eher erlassen werden?" Da antwortete der Meister: „Dann verzichte auf die Ernährung. Seit Uranfang ist Sterben der Menschen Los. Aber wenn das Volk kein Vertrauen in seinen Herrscher hat, da ist der Bestand des Staates gefährdet." Sind das nicht goldene Worte, die verdienten, auch an die Tore unserer Parlamente geschrieben zu werden?

Confuzius selbst hat nicht alle Schlüsse aus dieser Lehre gezogen. Er war eine durch und durch loyale Natur, und jeder Gewalttätigkeit abhold. Aber hinter ihm kam ein Tatenmensch von eiserner Folgerichtigkeit, der Vater des chinesischen Staatsrechtes, dieses erstaunlichen Gemisches von nie dagewesenem Konservativismus und revolutionärem Geist. Und dieser eine war Meng-tse.

Confuzius hatte die Aufgaben der Politik einmal in den lapidaren Worten zusammengefaßt: „Erst nähre das Volk, dann lehre das Volk." Meng-tse hat dafür ein förmliches soziologisches System geschaffen. Das Volk vermag nur sittlich zu sein durch seine guten Triebe. Wer daher Rechtlichkeit im Volke wünscht, darf dessen von Natur aus guten Trieben keine Gewalt antun, sondern muß sie in rechter Weise leiten. Daher muß man für einen naturgemäßen Lebensunterhalt des Volkes sorgen, damit dessen Triebe nicht auf Abwege geraten. Das scheint mir der Sinn von dem, was Meng-tse will, zu sein, von dem er selbst sagt, daß es sich schwer beschreiben lasse. „Es gibt — sagt Meng-tse — nur wenige Menschen von rechter Erziehung, die ohne sicheren

Lebensunterhalt doch einen festen Charakter besitzen. Was das Volk anlangt, so wird es sich zeigen, daß es ohne sicheren Lebensunterhalt keinen festen Charakter besitzen kann. Und wenn es keinen festen Charakter besitzt, so gibt es nichts verwerfliches, keine moralische Verirrung, keine Zügellosigkeit, derer es sich nicht schuldig machte. Wenn es so dem Verbrechen zum Opfer gefallen ist, es zu verfolgen und zu bestrafen, das heißt dem Volke Fallstricke legen. Wie kann so etwas, wie dem Volke Fallen stellen, unter der Regierung eines wohlwollenden Mannes geschehen? Deshalb wird ein aufrichtiger Herrscher den Lebensunterhalt des Volkes so regeln, daß es sicher ist, genug zu haben, womit die Leute ihre Eltern unterstützen zu können, und genug, um ihre Frauen und Kinder erhalten zu können, daß sie in guten Jahren mehr als hinreichend befriedigt seien, um in schlechten Jahren nicht zugrunde gehn zu müssen. Dann kann er das Volk zu dem, was recht ist, zwingen, und es wird sich darnach richten, denn dann wird es dem Rechte mit Leichtigkeit folgen." Nach Meng-tse hängt also die öffentliche Sittlichkeit und Rechtlichkeit davon ab, daß ein jeder seinen „sicheren Lebensunterhalt" hat, aber nicht etwa als ein unerworbenes Geschenk des Staates, sondern als das Produkt eines angemessenen Berufes. Wenn es in der Gesellschaft jedem möglich ist, sich seinem natürlichen Beruf zu widmen, dann wird infolge der natürlichen Ökonomie auch jeder einzelne imstande sein, einen festen Lebensunterhalt zu finden, dann wird sich auch durch das Zusammentreffen von innerem und äußerem Beruf auch jedermanns Charakter festigen, weil die Leute nicht den Krisen ausgesetzt sind, die sie vom rechten Weg abbringen und zum Verbrechen führen. Dann wird es auch um die öffentliche Sittlichkeit wohlbestellt sein. Daß einer auch ohne sicheren Lebensunterhalt im Charakter unverrückbar ist, das, meint Meng-tse, kann nur eine persönliche Ausnahme sein; auf die breiten Massen ist aber diese Annahme nicht anwendbar.

Von diesen Anschauungen ausgehend, wendete sich Meng-tse noch mehr als sein Lehrer Confuzius den praktischen Fragen des Lebens zu, läßt sich gründlich über Besteuerung, Naturaldienst, Zölle und dergleichen aus, schlägt ein eigenes System der Grundverteilung vor, empfiehlt in klaren und präzisen Worten die nationale Arbeitsteilung als die der staatlichen Wohlfahrt zuträglichste Wirtschaftsform und stellt als die oberste Tugend des Herrschers die Ökonomie hin. In welchem Tone Meng-tse mit den Großen und Mächtigen seiner Zeit reden konnte, das heißt, wie hoch bereits damals das Ansehen der Literaten in China stand, dafür gibt ein Gespräch Zeugnis, das der Philosoph mit dem König Siuen von Ts'i hatte. Meng-tse sagte: „Angenommen, einer von Euren Untertanen würde Weib und Kind der Sorge eines Freundes anvertrauen, während er selbst nach Tsú reiste, und würde bei seiner Rückkehr finden, daß jener das Weib und die Kinder Kälte und Hunger leiden ließ. Was sollte mit ihm geschehen?" Der König sagte: „Er würde ihn von sich stoßen." Meng-tse fuhr fort: „Angenommen, der oberste Richter vermöchte nicht die ihm unterstehenden Diener der Gerechtigkeit zu meistern, was sollte mit ihm geschehen?" Der König sagte: „Er sollte davongejagt werden!" Meng-tse sagte: „Wenn in den Grenzen deines Landes es keine gute Regierung gibt — was soll da geschehen?" — Der König blickte verlegen rechts und links und sprach von etwas anderem.

Meng-tse war ein getreuer Nachfolger des Confuzius, aber in einem Punkte ging er über diesen hinaus, in den Anschauungen über das Verhältnis zwischen Volk und Herrscher. Confuzius hatte das „Mandat des Himmels" auch als ein Pflichtenband zwischen Volk und Herrscher aufgefaßt. Aber er hielt Rebellion für eine Sache, über die man nicht einmal sprechen dürfe. Meng-tse ist ausgesprochenster Demokrat. Er wird nicht müde, dem Fürsten die vox populi als vox coeli zur aufmerksamen Beachtung zu empfehlen. Das Mandat des Himmels wird bei ihm zu einem Mandat des Volkes. Der Himmel hat die Fürsten für das Volk gemacht und nicht umgekehrt. „Das Volk — sagt er — ist das wichtigste und der Herrscher das Geringste in einem Lande" und an anderer Stelle: „Der Himmel verleiht die Herrschermacht, aber seine Ernennung ist nicht mit bestimmten Vorschriften verbunden. Der Himmel spricht nicht, er gibt seine Absicht durch des Königs persönliches Benehmen und durch die Verhältnisse zu erkennen." „Der Himmel sieht wie mein Volk sieht, der Himmel hört wie mein Volk hört."

Diese Theorie aus dem Munde eines Orientalen dreihundert Jahre vor unserer Zeitrechnung zu hören, ist gewiß wunderbar genug. Meng-tse blieb aber nicht bei der Theorie stehen, sondern zog auch deren äußerste Folgerungen. Wenn der König wider Recht und ohne Wohlwollen handelt, so kann oder soll ihn sein Minister auf die Seite schaffen und durch einen besseren ersetzen. „Wenn ein Herrscher — sagt er — seine Minister als seine Hände und Füße ansieht, sehen sie ihn als ihren Bauch und ihr Herz (d. h. voll Ehrfurcht) an, wenn er sie wie seine Hunde und Pferde behandelt, sehen sie ihn wie jeden anderen Menschen (d. h. ohne Ehrfurcht) an, wenn er sie aber als den Fußboden und das Gras ansieht (die man mit Füßen tritt), dann behandeln sie ihn als Räuber und Feind." Auf die Frage des schon einmal erwähnten Königs, ob ein Minister seinen pflichtvergessenen Herrscher auch töten dürfe, erwiderte Meng-tse, es sei in diesem Fall nicht der Herrscher, der zum Tode geführt würde, sondern der Räuber, der sich gegen die Pflichten der Rechtlichkeit und des Wohlwollens versündigt hat. Die Lehre von dem Mandat des Himmels schloß wohl von allem Anfang den Gedanken der Verwirkbarkeit in sich. Meng-tse war aber der erste, der diese Verwirkungslehre mit bewunderungswürdiger Kühnheit den Fürsten ins Gesicht geschleudert hat, und durch ihn ist sie zu einem Fundamentalsatz des chinesischen Staatsrechtes geworden, der im Lauf der chinesischen Geschichte oft genug — und zuletzt erst wieder vor wenigen Jahren — zur fürchterlichen Wahrheit gemacht wurde. Allerdings war Meng-tse und waren seine Jünger, die Confuzianischen Literaten oder Yü bei den Herrschern recht wenig beliebt und noch im Jahre 1372 unter der Mingdynastie wurde der inzwischen zum Herzog avanzierte Meng-tse als ein unerträglicher Revolutionär degradiert. Aber das vermochte das Ansehen Meng-tses beim chinesischen Volke, das ganz durchtränkt vom Geiste des Confuzianismus ist, nicht zu schmälern. Sein Geist war stärker als jede kaiserliche Autorität und er ist der Geist der Literaten, der Yü geblieben bis auf den heutigen Tag. Wenn immer im himmlischen Reiche Tyrannenmacht in Widerstreit mit den alten Rechts- und Moralbegriffen fiel, wenn immer die uralten Grundsätze einer gerechten Regierung in Vergessenheit zu sinken drohten, dann waren es immer die Yü, die mit dem Mute Meng-tses vor den ungerechten Herrscher traten und ihn in ebenso höflicher als entschiedener Weise auf die Verwirkbarkeit des himmlischen Mandats aufmerksam machten.

Das zeigte sich bald nach Meng-tses Tod, als das morsche Feudalreich endlich zusammenbrach und in Tsin-shi-hoang-ti ein Monarch an die Spitze Chinas trat, wie ihn eigentlich Confuzius und Meng-tse so sehnlich erwartet hatten. Shi-hoang-ti, eine Napoleonnatur rettete China aus der Not der Kleinstaaterei und bewahrte es dadurch vor dem Zerfall. Das war unstreitig die Frucht der confuzianischen Lehren, die ihren Weg ins Volk gefunden hatten. Freilich indem Shi-hoang-ti weiterging und eine Autokratie einführen wollte, die jede Kontrolle, insbesondere aber die der Yü abschütteln wollte, als er zwischen dem neuen Reich und der chinesischen Vergangenheit alle

Brücken abbrechen wollte und das Shi und Shu und alle Confuzianischen Schriften verbrennen ließ, da schlug er dem sozialen und moralischen Empfinden des ganzen Volkes ins Gesicht und schon der neue Han-kaiser, der ihm folgte, mußte zur Restaurierung des Confuzianismus und der Yü schreiten. Die soziale Moral des Confuzius hatte Tsin-shi-hoang-ti geboren, sie brachte ihn auch wieder um. Sie erzog sich zuerst einen Retter Chinas aus der Gefahr des Zerfalles und befreite dann durch das heroische Beispiel, mit dem ihre Vertreter den Grausamkeiten Shi-hoang-tis trotzten, das Land von der Gefahr eine asiatische Despotie zu werden.

Und so wie damals, zweihundert Jahre vor unserer Zeitrechnung, waren es auch später immer die Literaten, die China gerettet, die dem Volke in Zeiten unabwendbarer Fremdherrschaft den Geist der confuzianischen Moral erhalten und, wenn die Stunde geschlagen hatte, die fremden Dynastien wieder davon gejagt haben unbedenklich durch das Mittel der Revolution. Hierin liegt der Hauptgrund für das ungeheure Ansehen und die unvergleichliche soziale Bedeutung, die diesen Intellektuellen in China zukommt. Das Volk sieht in ihnen, die ja alle selbst aus dem Volke hervorgegangen sind, seine Organe, seine Mandatare und überträgt ihnen willig die Wahrung seiner Interessen. Nicht bloß aus hoher Achtung für Bildung und Tugend haben sich die Kaiser ihrer Kontrolle untergeordnet und ihrer nur allzu oft im Stile Mengtse gehaltenen Kritik unterworfen. Einige versuchten es ja sich dieser lästigen Moralisten zu entledigen, aber das nützte gar nichts. Der Einfluß der Yü wuchs von Jahrhundert zu Jahrhundert und wurde endlich so groß, daß der allmächtige „Sohn des Himmels" keinen einzigen Beamten, ob hoch oder niedrig ernennen durfte, der ihm nicht von den Yü aus der Reihe der Graduierten vorgeschlagen worden wäre. Das Geheimnis dieser ihrer Macht auf den Herrscher sowohl als auf das Volk, einer Macht, die sich den Europäern oft, z. B. beim Boxeraufstand recht unangenehm fühlbar machte, liegt darin, daß sie trotz aller menschlichen Schwächen die Träger und Verkünder einer Moral sind, die tief und unausrottbar in die Seele des ganzen großen Volkes eingegraben ist. Man sagt, die Yü sind korrupt und ihr Leben eine Fratze von dem, was sie lehren. Das mag schon sein. Wo ist denn das anders? Ist das praktische Christentum unserer Tage dasselbe wie die Lehre des Märtyrers von Golgatha? Sind unsere Priester dasselbe wie die Apostel? Gibt es nicht auch korrupte Parlamentarier in Europa? Gewiß wird auch in China, wie überall auf der Welt das Leben hinter der Lehre zurückbleiben. Aber wenn auch nur die allgemeinsten Grundwahrheiten dieser echt sozialen Moral dem Bewußtsein der großen Masse eingegraben sind, und wenn auch nur ein Tausendstel von den durch die Confuzianer ausgestreuten und durch den öffentlichen Unterricht immer wieder gesäten Keimen Wurzel im Herzen des Volkes geschlagen hat, dann müssen wir mit Beschämung sagen, daß dort drüben im fernen Osten seit unvordenklichen Zeiten etwas Gemeingut des Volkes ist, was bei uns erst neueste Errungenschaft der ethischen Erkenntnis und Geheimbesitz einiger weniger Auserwählter ist.

Die confuzianische Moral bildet in China und wie in China so auch in Japan den Leitfaden des gesamten öffentlichen Unterrichts, auch des modernisierten. Die ersten Lesestücke, die dem Kinde in die Hand gegeben werden, sind Sprüche aus den confuzianischen Analekten (Lünyü), statt der Religion wird in China und Japan in allen Schulen die soziale Moral des Kong-tse und Meng-tse gelehrt, und wer in China ein öffentliches Amt bekleiden will, ob hoch oder niedrig, muß sich langen Studien und Prüfungen über den klassischen Kanon des Confuzianismus unterziehen. Kaiser Kanghi aus der Mandschudynastie hat zu Beginn des siebzehnten Jahrhunderts die Grundgedanken dieser Moral in der Form von 16 Geboten zusammengefaßt unter dem Titel des „heiligen Edikts" und allwöchentlich einmal wird in jedem größeren Orte ein Abschnitt dieses Edikts dem Volke durch einen Yü vorgelesen und erläutert.

Das „heilige Edikt" lautet:

„1. Liebe aufrichtig deine Eltern und Brüder, auf daß du die gesellschaftlichen Beziehungen hebest.

2. Halte fest an den Banden der Verwandtschaft, auf daß Eintracht und Friede leuchte.

3. Lebe in Eintracht mit deinen Nachbarn, auf daß du dem Zank und den Prozessen entgehest.

4. Schätze den Ackerbau und den Maulbeerbaum, auf daß du mit Kleidung und Nahrung versorgt seiest.

5. Schätze Ordnung und Ökonomie, auf daß du sparest die Reichtümer des Volkes.
6. Preise den allgemeinen Unterricht, auf daß ihr leitet die Studien der Literaten.
7. Bekämpfe die fremden Sekten, auf daß die rechten Lehren verehrt werden.
8. Erläutere die Gesetze und Statuten, auf daß du die Unwissenden und Widersätzlichen warnest.
9. Sei ein leuchtendes Vorbild des Anstandes und der Höflichkeit, auf daß Brauch und Sitte verbessert werden.
10. Widme dich dem Beruf, zu dem du geboren bist, auf daß der Charakter des Volkes befestigt werde.
11. Lehre deine Kinder und jüngeren Brüder, auf daß du sie bewahrst vom Übeltun.
12. Weise falsche Anklagen zurück, auf daß die Guten und Unschuldigen Schutz finden.
13. Gebe die an, welche die Deserteure verbergen, auf daß sie bewahrt werden mit in Schuld zu fallen.
14. Bringe deine Steuern und Abgaben dar, auf daß du nicht erst vom Gesetz gezwungen wirst.
15. Vereinigt euch zu Rechtsschutzbünden, auf daß ihr die Räuber und Diebe ausrottet.
16. Legt euren Zank und Streit bei, auf daß ihr erfüllet die Pflicht eures Lebens."

Der große und mächtige Kaiser begleitete dieses Edikt mit einem Erlasse, in dem es unter anderem heißt: „Wir wissen, daß es unter einer vollkommenen

Regierung nicht die speziellen Gesetze waren, auf die man das größte Gewicht legte, sondern vor allem die Reform durch den Unterricht. Dann war das Herz der Menschen tugendhaft und gut, die öffentlichen Sitten einfach und ehrbar, man brauchte nicht zu Strafen seine Zuflucht zu nehmen. Glück wohnte in jedem Heim, man sah dauernde Regierungen, beständige Ruhe und die großen Prinzipien der Moral in Blüte. Die Gesetze können das Übel für eine Zeit unterdrücken, der Unterricht allein zähmt die Menschen für immer. Wenn man sich also törichterweise auf Gesetze stützt und nicht mit dem Unterricht beschäftigt, so heißt das sich mit dem Nebensächlichen befassen und das Wesentliche unterlassen." So sprach in China ein allgewaltiger Kaiser zu gleicher Zeit, als in Europa der allerchristlichste Louis XIV. den Satz prägte: l'état, c'est moi. —

Europa war nicht wenig erstaunt, als vor zwei Jahren die Nachricht einlangte, China habe sich als Republik erklärt. China, das konservativste Reich der Welt — eine Republik, und die Chinesen, denen man den Titel einer „passiven Rasse" aufgebracht hatte — Fortschrittsmänner. Wer aber das Wesen der chinesischen Anschauungen über die Aufgaben des Staates, über das Verhältnis des Volkes zum Herrscher usw. kennt, der wird durch die letzten Vorgänge in China durchaus nicht so überrascht sein. Ich weiß ja nicht, ob sich die Republik in China halten wird, und welche Formen der Parlamentarismus annehmen wird, aber sicher ist, daß China immer eine urwüchsige Demokratie war, und daß die von jedem Dogma unabhänige

Moral des Confucius keinem sozialen Fortschritt im Wege steht, ja, daß sie sogar allen führenden Geistern die höchste Pflicht auferlegt, „das Volk zu erneuern".

Diese Moral hat sich nicht auf China beschränkt, sie hat auch Korea und Japan erobert, wie ja überhaupt das gesamte Geistesleben des fernen Osten unter dem Einfluß der chinesischen Kultur steht. Auch in Japan ist trotz der ungeheuren Verbreitung des Buddhismus der Confuzianismus sozusagen die offizielle Moral, und so grundverschieden auch der japanische Volkscharakter von dem chinesischen, die geschichtliche Entwicklung Japans von der chinesischen sein mag, die Grundlehren der sozialen Moral eines Confuzius und Meng-tse beherrschen die japanische Volksseele doch nicht weniger als die chinesische. Die unbeschreibliche Geduld, die den Japaner auszeichnet, die tiefe Bescheidenheit, die nichts mit dem Servilismus anderer Asiaten zu tun hat, eine heroische Selbstbeherrschung und ein Verzicht, der sich in keiner Miene verrät, vor allem aber die hingebende Aufopferung für die Allgemeinheit, diese charakteristischen Merkmale der japanischen Volksseele sind die Erziehungsprodukte der confuzianischen Moral. Die moralische Vertiefung des Ahnenkultus zu einem System tiefster Verantwortlichkeit gegen die ganze Art, diese vom Confuzianismus wie vom Buddhismus gleichmäßig beeinflußte Urreligion des Shinto (Kami no michi) ist in Japan ebenso herrschend wie in China. Japan war allerdings nie eine Demokratie wie China, sondern ein Feudalstaat. Der Mikado oder Tennō wurde immer als Kami, als ein überirdisches Wesen verehrt, der seine Abstammung direkt von Amaterasu, der Gottheit der Sonne ableitete. Aber auch sein Verhältnis zum Volke wird als ein Pflichtverhältnis aufgefaßt, wenngleich die demokratische Verwirkungstheorie Meng-tses in Japan nie Anerkennung oder gar Anwendung fand. Um so mehr aber kam die von Confuzius gepriesene Tugend der „Treue" in Japan zur praktischen Geltung in der berühmten Vasallentreue, für welche ja erst unlängst der berühmte General Nogi Zeugnis abgelegt hat. Diese Treue, die grenzenlose Hingebung des einzelnen an die Gesamtheit, dieses „Einer in Allen", wie Confuzius sagte, hat das japanische Volk vielleicht mehr noch als selbst das chinesische zu allen Zeiten um den Preis eines jeden Opfers betätigt, und alle berufenen Kritiker des letzten großen Krieges im fernen Osten sind darin einig, daß Japan seine erstaunlichen Siege über Rußland vorwiegend der moralischen Überlegenheit, der grenzenlosen Aufopferungsfähigkeit seiner Söhne, der glühenden Liebe zum Vaterlande und zum eigenen Volke verdankt.

Man rede nur ja nichts von rückständigen Völkern, mangelndem Sinn für Freiheit und Persönlichkeit usw. Wer die Kultur der Chinesen und Japaner kennt, wird es durchaus nicht zugeben, daß man da von einer Rückständigkeit spreche. Auch mit der Freiheit hat unser mangelnder sozialer Sinn sehr wenig zu tun. Freiheit tritt überall dort ein, wo sich Zwang in Pflicht verwandelt. Da es eine absolute Freiheit nicht gibt und unser Willen unter allen Umständen determiniert ist, handle ich unfrei, wenn ich unter einem fremden Zwang, aus Gründen, die außer mir liegen, frei dagegen, wenn ich ausschließlich aus der eigenen Natur heraus, d. h. aus Pflicht handle. Der Japaner, der sich mit einem fast jenseitigen Lächeln restlos in den Dienst einer hohen Sache stellt, könnte wohl nicht tiefer gekränkt werden als durch die Zumutung, daß er das nicht frei, sondern gezwungen tue. Der Freiheit steht also diese soziale Moral gewiß nicht im Weg, und daß sie auch kein Hindernis für die Entwicklung der Persönlichkeit ist, das zeigt doch die japanische Geschichte mit ihren gewaltigen Individualitäten, die japanische Lyrik, die Gedichte eines Hitomaro und Akabito, die Ausdruck allerpersönlichsten Empfindens sind, die bildende Kunst Japans, die seit den frühesten Zeiten die Individualität so treu wiederzugeben sich mühte, wie es den Griechen niemals eingefallen wäre. Nein, in Japan und in China gibt es ganz genau so viel Persönlichkeit wie bei uns, um so mehr, als ja auch bei uns nicht alles Persönlichkeit ist, was sich dafür hält. Die soziale Moral, die das ganze private und öffentliche Leben Chinas und Japans beherrscht, ist weder Ausfluß kultureller Rückständigkeit, noch ein Hindernis weiterer kultureller Fortschritte.

Es ist das beste, wir steigen von dem hohen Roß unserer kulturellen Überlegenheit diesen Asiaten gegenüber herunter, und anerkennen die ungeheure Überlegenheit der fernöstlichen Sozialmoral, der wir, wenn wir ehrlich reden wollen, etwas Gleiches nicht an die Seite zu setzen haben. In dieser wirklich gelebten Moral liegt der Grund dafür, daß sich die

Staaten, besonders der chinesische, durch alle Wechselfälle des Schicksals erhalten durch die Jahrtausende, und immer wieder erneuerungsfähig sind. Hat uns Japan durch seine Anpassungsfähigkeit an die ihm von uns aufgedrungenen europäischen „Kultur"-formen in Staunen gesetzt, so wird China, wenn es erst einmal die Geburtswehen seines Umgestaltungsprozesses überstanden haben wird, in noch größeres Staunen versetzen. Denn Japans Moral ist doch nur ein Abglanz von der ursprünglicheren, und in ihrer Einheitlichkeit einzig dastehenden Kultur der chinesischen Volkspsyche. Da ist alles aus einem Gusse, Weltanschauung, Religion, Moral, Gesetz und Recht alles restlos kongruent, ohne Widerspruch und gegenseitige Störung. Und wenn einmal dieser Koloß sich emporgereckt haben wird, dann werden sich gewiß auch die Rückwirkungen von Japans Erwachen auf die europäische und amerikanischen Verhältnisse in ungeheuer vergrößertem Maßstab wiederholen. Daß eine kühne Auflehnung Chinas gegen seine europäischen Vormünder unter Umständen für unsere ganze gesegnete Gesellschafts- und Wirtschaftsordnung zu einer schauerlichen Katastrophe werden kann, bezweifle ich selbst nicht. China sowohl als Japan werden unter dem Druck des ihnen wirklich gewaltsam aufgezwungenen Militarismus, den Weg der Umwandlung zum Sozialismus viel rascher zurücklegen, als irgendeine andere Gesellschaft, weil sie in ihrer Volksmoral für diese sozialistische Gesellschaftsverfassung eigentlich bereits die wichtigsten Voraussetzungen haben. Wenn also darin die

Gefahren bestehen sollen, die man von da drüben fürchtet, wenn der europäische Militär- und Geldstaat unter jenen „höchsten Gütern der Menschheit" gemeint ist, zu deren Schutz sich alle Völker Europas zusammenscharen sollen, dann kann es ja vielleicht passieren, daß die Völker Europas mit ihrer sehr hinfälligen Moral der Macht des fernen Ostens unterliegen. Aber diese „gelbe Gefahr" hat schließlich die europäische Politik, unser Geld- und Machthunger und unsere alberne Kulturbringerei, selbst müßig heraufbeschworen. Man wird nun auch sehen müssen, wie man sich mit ihr abfindet. Ein chinesischer Diplomat, der lange Jahre in Deutschland verbracht hatte, sagte: „Der chinesische Drache, der solange geschlafen hat, ist von den Fremden gekitzelt worden, bis er erwachte. Er ist noch schlafbefangen und unwillig über die Störung seiner Ruhe schlägt er mit seinen Tatzen um sich und bewegt seinen gewaltigen Leib. Daß die Vorwitzigen, die an ihm herumzerrten und auf seiner Nase tanzten, dabei herunterfallen und zu Schaden kommen, ist nun einmal nicht zu ändern. Wieder einzuschläfern ist der chinesische Drache nicht. Sie hätten ihn ja schlafen lassen können, dann hätten sie noch lange aus den Schätzen, die er in seiner Höhle bewacht, sich bereichern können. Nun müssen sie es aber nehmen, wie sie selbst es sich bereitet haben."

Mag der Kampf zweier Welten, an dessen Vorabend wir vielleicht stehen, enden wie er will, die menschliche Kultur wird dabei kaum übel wegkommen. Sie hat geblüht im Zeichen des confuzianischen Geistes lange ehe es eine europäische Kultur im heutigen Sinne gab, und ehe christliche Missionare mit ihren weltbeglückenden Lehren nach China wanderten, und sie wird vielleicht auch blühen, wenn einmal das, was wir heute die „Höchsten Güter der Menschheit" nennen, längst nicht mehr zu den Gütern gerechnet werden wird. Unvergänglich aber solange Menschen leben, wird die Confuzianische Lehre sein, daß Liebe und Treue das Höchste ist. Und wenn uns der ferne Osten ein bißchen von dieser seiner hohen sozialen Moral überließe, wäre dies mit einigen Opfern an höchsten Gütern des Augenblicks keineswegs zu teuer bezahlt.

**Altenburg**
**Pierersche Hofbuchdruckerei**
**Stephan Geibel & Co.**

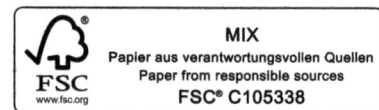

Printed by Libri Plureos GmbH
in Hamburg, Germany